LES
THERMES DE BORMIO

DANS

LA VALTELINE SUPÉRIEURE

(ROYAUME D'ITALIE).

STRASBOURG

J. NOIRIEL, LIBRAIRE
Rue des Serruriers.

TREUTTEL ET WURTZ, LIBRAIRES
Grand'rue.

1870

LES

THERMES DE BORMIO

DANS

LA VALTELINE SUPÉRIEURE

.(ROYAUME D'ITALIE).

BAINS DE BORMIO.

LES

THERMES DE BORMIO

DANS

LA VALTELINE SUPÉRIEURE

(ROYAUME D'ITALIE).

STRASBOURG

J. NOIRIEL, LIBRAIRE	TREUTTEL ET WURTZ, LIBRAIRES
Rue des Serruriers.	Grand'rue.

1870

STRASBOURG, TYPOGRAPHIE DE G. SILBERMANN.

THERMES DE BORMIO

LA VALTELINE SUPÉRIEURE

(ROYAUME D'ITALIE).

A l'extrémité septentrionale du lac de Côme s'ouvre, du côté de l'Est, la longue et pittoresque vallée de l'Adda, la Valteline, qui établit une communication directe entre le Milanais et le Tirol. Au dix-septième siècle, elle a dû à cette situation d'attirer au plus haut degré l'attention de Richelieu dans sa lutte contre la maison d'Autriche. C'est à cette situation, ainsi qu'aux préoccupations politiques et militaires de cette même maison d'Autriche, qu'elle a dû également, il y a près de cinquante ans, la construction de la route qui la traverse dans toute sa longueur pour gravir les flancs du Stelvio. Le Stelvio est une simple arête, large de quelques mètres, qui se trouve sur les confins de trois États, le royaume d'Italie, la monarchie des Habsbourg et la République suisse, et d'où l'on peut descendre, à son choix, en passant au pied du gigantesque Orteler, soit vers le Tirol allemand, du côté d'Innsbruck, soit vers le Tirol italien, du côté de Meran et de Trente. Quant à la route elle-même, elle ne dépasse pas seulement toutes les autres routes carrossables de la chaîne des Alpes par son altitude; mais, s'élevant jusqu'à la limite des neiges éternelles, elle est aussi, incomparablement, la plus remarquable par ses travaux d'art et surtout celle qui offre les points de vue les plus grandioses.

Du lac de Côme, à 213 mètres au-dessus de la mer, jusqu'au col du Stelvio, à 2814 mètres, la Valteline passe graduellement d'un climat humide et chaud, qui favorise une végétation exubérante et toute méridionale, à un climat tout alpestre où la terre ne produit plus que la maigre pâture des moutons. A l'endroit même où la vallée large et fertile va se rétrécir en une gorge sauvage, et où la route, quittant la plaine, gravit le flanc de la montagne dont le voyageur n'atteindra la crête qu'au bout de quatre heures de marche, on aperçoit deux grands établissements, l'un à l'aspect monumental d'un hôtel moderne de premier ordre, l'autre, dominant déjà la gorge, et adossé au rocher comme un château fort du moyen âge. Ce sont les thermes de Bormio, les nouveaux bains à 1340 mètres, les anciens bains à 1448 mètres. Ils tirent leur nom de l'antique bourg de Bormio, situé un peu plus bas dans la plaine.

La première mention des thermes de Bormio remonte au sixième siècle : Cassiodore nous a conservé une sorte de passeport plein d'emphase, que Théodat, roi des Ostrogoths, délivra à l'un de ses comtes qui s'y rendait pour se guérir de la goutte. Situés sur une des routes que suivaient de préférence les négociants lombards et vénitiens aussi bien que les empereurs d'Allemagne lorsqu'ils traversaient les Alpes, nos bains attirèrent un grand nombre de malades pendant tout le moyen âge. En 1590, la duchesse de Mantoue, femme de l'archiduc Ferdinand d'Autriche, affligée de stérilité, y fit avec plein succès une cure qui est restée célèbre. On montre encore de nos jours « la source de l'archiduchesse. »

Nombre d'auteurs ont décrit nos thermes et leurs effets curatifs. Nous citons en note plusieurs ouvrages allemands qui s'en occupent avec une grande connaissance de cause et qui ont paru dans ces dernières années [1]. On les consultera certainement avec fruit. A la fin de cette brochure, nous donnons, en extrait, l'opinion d'un médecin anglais d'une grande réputation, le docteur Williams, et celle d'un Français non moins estimé, M. le docteur Herrgott, professeur à la Faculté et médecin en chef de l'hôpital civil de Strasbourg.

En 1860, M. de Planta-Reichenau, si connu par ses savantes études sur la composition chimique des eaux minérales de diverses parties de la Suisse, a fait l'analyse la plus scrupuleuse de nos sept sources.

Bormio possède, en effet, sept sources, que nous énumérons suivant l'altitude à laquelle elles apparaissent et avec les noms qu'on leur donne vulgairement : la Saint-Martin, la Grande-Duchesse, le *Sorgente di Campillo*, le Cassiodore, la Pliniana, les Ostrogoths, les Niebelungen. On classe à part la source de Charlemagne, dite aussi *source des yeux*, parce qu'elle a une température plus basse, et possède des propriétés chimiques différentes de celles des autres thermes.

La température des sources varie entre 34° et 41° centigrades; leur composition chimique est la même. La quantité d'eau qu'elles fournissent est très-considérable, comme le montre un coup d'œil sur le magnifique jet d'eau derrière les nouveaux bains, qui fournit 11 à 12 litres par minute. Avec l'eau recueillie actuellement, nous pourrions facilement fournir par heure 165 bains à 336 litres chacun, et l'on atteindrait le chiffre de 215 bains si

---

[1] BRÜGGER, *Ostrhätische Studien zur Geschichte des Badlebens, insbesonders der Curorte Bormio und Sanct-Moritz*. Zürich 1863 (études historiques).

THEOBALD, *Bormio und seine Bäder*. Chur 1865.

MEYER-AHRENS und BRÜGGER, *Die Thermen von Bormio in physikalisch-chemischer, therapeutischer, klimatologischer und geschichtlicher Beziehung*. Zürich 1869 (écrit destiné surtout aux hommes de science).

THEOBALD, WEILENMANN et BRÜGGER, *Die Bäder von Bormio und die sie umgebende Gebirgswelt, Landschaftsbilder, Bergfahrten und naturwissenschaftliche Skizzen.* (Cet ouvrage, encore inachevé, rendra les plus grands services au touriste, au naturaliste et au simple baigneur.)

l'on employait trois de nos sept sources que nous laissons couler dans l'Adda.

L'eau minérale, claire, incolore et insipide, se conserve des mois entiers sans se troubler et sans déposer.

L'analyse des eaux de la source Saint-Martin, faite comparativement à celles des autres sources, a prouvé récemment qu'elles ont une origine commune, qui est sans doute un immense bassin, un vrai lac souterrain.

Voici du reste cette analyse :

Température de l'eau, 38,7° centigr.

Sur 1000 gr. eau minérale :

	Gr.
Chlorure de sodium	0,0112
Sulfate de soude	0,0604
Sulfate de potasse	0,0181
Sulfate de magnésie	0,2520
Sulfate de chaux	0,4863
Carbonate de chaux	0,1735
Souscarbonate de fer	0,0025
Souscarbonate de manganèse	0,0014
Phosphate d'alumine	0,00004
Acide silicique	0,0207
Sels et matières solides	1,0261
Acide carbonique	0,0474

(La moitié de ce gaz est à l'état de liberté.)

La petite source, dite *des yeux*, dépose de l'ocre, et ne possède qu'une minime quantité d'acide carbonique ; sa température est de 18° centigrades. On lui a donné ce nom parce qu'on a cru remarquer quelque efficacité dans son action exercée contre certaines maladies des yeux. Tout récemment encore, le maire d'une petite ville italienne vient d'écrire au propriétaire pour lui faire part de la guérison d'une ophthalmie supposée égyptienne, guérison qu'il attribue à l'usage de cette source.

Les thermes de Bormio (que nous qualifierons de *gypseux*) s'emploient tout d'abord dans les maladies de la peau. Ils guérissent le psoriasis. Le prurigo, l'eczéma, l'ichthyose, le pityriasis, sont sensiblement améliorés par leur usage. Il suffit d'une cure de quinze jours pour guérir radicalement la pellagre dans ses deux premières périodes.

Les eaux se prennent encore avec avantage dans les scrofules, plaies anciennes, maladies chroniques du foie et de la rate, catarrhes chroniques de l'estomac et de l'intestin, dyspepsie, rhumatisme chronique, faiblesse du système cutané, maladies des femmes, gravelle, maladies des nerfs, catarrhe chronique de la vessie, bronchites chroniques, enfin phthisie dans les premières périodes.

Comme station climatérique, Bormio se recommande à ceux qui ont des dispositions pour les affections de poitrine, les pâles couleurs, les scrofules, l'anémie, quelle que soit son origine; pour les hypérémies de la rate, suite de fièvres intermittentes, l'hystérie, l'atrophie musculaire, l'hypochondrie. Enfin ce séjour fait le plus grand bien aux convalescents.

D'ailleurs, indépendamment de l'usage des thermes en bains et en douches, on trouve à Bormio de puissants moyens curatifs : l'hydrothérapie, le petit lait de chèvre, la cure de raisins de la Valteline (ces raisins sont excellents), les eaux minérales naturelles et artificielles, enfin les bains limoneux, qui ont jusqu'ici donné les résultats les plus satisfaisants.

Le climat des bains de Bormio est très-doux, relativement à l'altitude.

Ainsi, en 1861, la température moyenne de l'été s'est trouvée être de 15,30° centigrades; celle du printemps de 5,17°; celle de l'automne de 7,68°. Le maximum des mois de juin, juillet, août a été de 28,70°; le minimum de 7,0°. La plus grande variation diurne pendant les mois d'été ne dépasse pas 14,4°, la variation moyenne n'étant que de 6,07°.

Le temps n'est presque jamais brumeux. Sur 60 jours d'été, il y en a 43 très-sereins, 7 troubles, 10 pluvieux. Sur 60 jours de printemps on trouve 22 jours beaux, 10 jours de pluie, 10 de neige, 7 de brume et 11 de brouillard.

A part quelques bourrasques, le mois de septembre est délicieux.

Ce climat rappelle celui de Cauterets avec moins d'humidité; mais ce qu'il y a de remarquable, c'est que Cauterets est à 400 mètres plus bas que les bains de Bormio : la pression de l'atmosphère est donc ici bien moindre; l'air qu'on respire est un air de montagne, dans toute la force du terme. Pour comprendre ce caractère à la fois alpestre et méridional de Bormio, il faut tenir compte du site. C'est, nous le rappelons, précisément à ce point que se termine la large vallée de la Valteline, dont le dernier étage tourne droit vers le Nord. La vallée aboutit, de ce côté-là, à une immense paroi de rochers à pic qui domine les deux établissements, et qui n'est interrompue que par la fente servant de lit à la source de l'Adda et de passage à la route du Stelvio. Cette paroi enveloppe aussi les bains du côté Est, mais elle laisse la vue s'étendre au loin sur la vallée principale, c'est-à-dire vers le Sud, ainsi que vers un pittoresque vallon qui débouche du côté de l'Ouest. On est donc dans un cirque chauffé par le soleil de l'Italie, mais dans un cirque largement ouvert.

La vue dont on jouit des établissements de Bormio, par exemple de la terrasse des Nouveaux-Bains, est ravissante. Tournons le dos à la paroi de rochers. A notre droite, presque à nos pieds, l'Adda, aux eaux tantôt transparentes, tantôt laiteuses, mais toujours en tumulte, s'élance hors d'un gouffre, et fait tourner les turbines d'une forge, dont les sombres lueurs animent souvent la nuit. Puis vient le vallon dont nous parlions à l'instant, le val Dentro avec ses hameaux en ruines, avec ses églises ou bizarres ou pittoresques, avec ses antiques moraines ravinées par le torrent qui se jette dans l'Adda à quelques pas de nous.

Au delà de la rivière, un bois couvre le contre-fort d'une montagne, dont la cime neigeuse, d'un blanc incomparable, porte le nom de S. Colombano et forme le centre du tableau. Puis vient la large vallée qui s'éloigne à peu près en ligne droite, et va se perdant dans des teintes grisâtres. Sur son flanc gauche, le Gobetta, couronné de glaciers, termine le panorama. Mais faisons

quelques pas sur la route qui mène au bourg de Bormio : la vue
va s'étendre à gauche; c'est un délicieux vallon qui s'enfonce ici
vers l'Est, le val Furva avec la splendide pyramide du Tresero,
l'une des montagnes des Alpes qui offrent à l'œil le profil le plus
régulier et le blanc le plus virginal.

Nous ne dirons rien des promenades rapprochées. Parmi les
excursions faciles qu'on peut faire en voiture, les principales con-
sistent à remonter le val Dentro, ou le val Furva, ou la gorge de
l'Adda jusqu'au col du Stelvio.

Nous avons déjà parlé de la beauté de ce col. Quant au val
Dentro, s'il paraît d'abord un peu nu, il présente les paysages
les plus riants dans sa partie supérieure, où l'on ne sait ce que
l'on doit admirer davantage, des forêts, des eaux, des glaciers, et où
vit une population singulièrement intéressante, tout italienne par
le langage, toute germanique par le type, le costume et les mœurs.
Le val Furva, peuplé d'une très-belle race méridionale, est plus pittoresque encore : une jolie route, longeant le torrent et traversant
les bois, mène au pied du Tresero, à l'établissement de Santa-Cata-
rina bâti près d'une source ferrugineuse ; c'est une hôtellerie fort
grande et fort simple où se coudoient toutes les classes de la so-
ciété. De ce point, les amateurs de courses alpestres pourront
entreprendre mainte expédition. Ils feront bien toutefois de con-
sulter l'excellent livre anglais de J. Ball sur les Alpes centrales,
et de se munir de l'admirable carte intitulée : *Ostrhätische Kur-
orte;* ils feront mieux encore d'engager l'un des guides qui se
trouvent en permanence aux bains de Bormio, vrai centre de
toute cette contrée. Disons-le sans hésiter : les touristes qui ont
épuisé Chamounix et l'Oberland, Zermatt et l'Engadine, ne peuvent plus guère se livrer à des exploits dignes d'eux ailleurs qu'à
Bormio. L'immense et splendide massif de l'Orteler, du Monte-
Cristallo et du Monte-Zebru leur réserve des jouissances toutes
nouvelles, et c'est des bains de Bormio qu'il faut l'entamer pour
peu que l'on tienne au confort.

Ceci nous amène à dire un mot des deux établissements de bains, situés tous les deux sur la grande route du Stelvio, l'un à 2, l'autre à 4 kilomètres au-dessus du bourg de Bormio, mais reliés entre eux par un sentier taillé dans le roc et franchissant rapidement les 100 mètres d'altitude qui les séparent.

Les bâtiments dont se composent les Vieux-Bains, le plus élevé des deux établissements, remontent à des époques diverses, et se trouvent dans le voisinage immédiat des sources principales. Construits sur le roc et contre le roc, ils viennent d'être augmentés d'une nouvelle construction à quatre étages, qui communique par une galerie close avec les cabinets de bains. Ce nouvel édifice contient une belle salle à manger et de très-bonnes chambres à coucher. La salle de billard et le restaurant sont tout près de là, dans un des anciens bâtiments. Une chapelle complète l'établissement.

Dans ces Vieux-Bains on peut loger environ 130 personnes; celles qui aiment la tranquillité et les prix modérés s'y trouveront fort à l'aise.

Le bâtiment des Nouveaux-Bains, considérablement agrandi dans ces derniers temps, se compose de nombreux appartements bien aérés, munis de doubles portes et meublés confortablement. Les escaliers et corridors sont garnis de tapis. Il y a de la place pour 140 personnes.

Outre une vaste et belle salle à manger, on trouve à cet établissement des salles de café, de billard, de lecture et une élégante salle de conversation pour les dames. Les cabinets de bains communiquent par un corridor fermé avec le bâtiment principal; la majeure partie des cuves est en marbre rouge. Quant aux douches, la chute énorme des eaux permet de leur donner une force, pour ainsi dire, indéfinie.

Un jet d'eau, alimenté par les sources chaudes, égaie l'esplanade derrière les bâtiments.

On le voit, près de 300 personnes peuvent être logées à la

fois très-commodément aux bains de Bormio, ce qui place ces thermes parmi les établissements de premier ordre.

Par quelle route se rend-on à Bormio ? Il nous reste à répondre à cette question.

Tout dépend, cela va sans dire, du point de départ.

En définitive, les points de départ se ramènent, pour Bormio, à trois :

1° Le lac de Côme, où l'on arrive, en venant de France, soit par le Splügen, soit par le Saint-Gothard, soit par le Simplon, soit par le Mont-Cenis et Milan;

2° Coire, chef-lieu du canton des Grisons en Suisse, relié par un chemin de fer avec Zurich et Bâle, et par conséquent avec Paris;

3° La ligne ferrée du Brenner, qui, s'embranchant entre Munich et Salzbourg à la ligne Paris-Vienne, va rejoindre, par Innsbruck, Bolzano et Trente, les chemins lombards à Vérone.

Reprenons :

1° Du lac de de Côme, c'est-à-dire de Colico, il n'y a pour Bormio qu'un chemin, la route de la Valteline, qui passe par Sondrio, le chef-lieu de la province, puis par Tirano. Les diligences suisses la desservent jusqu'au bourg de Bormio, où un omnibus attend les voyageurs à destination des bains.

2° De Coire, le plus simple est de prendre les diligences suisses qui conduisent en un jour à Samaden dans l'Engadine, soit par le Julier, soit par l'Albula. Le lendemain elles traversent, par Pontresina, le col de la Bernina pour déposer les voyageurs à Tirano, sur la ligne précédente.

VARIANTES :

a) On peut passer le Splügen et tomber sur Colico (voy. la route 1).

b) On peut aussi, sans aller même jusqu'à Coire, mais en quittant le chemin de fer à Landquart, première station du canton des Grisons, remonter le Prættigau et passer en Davos; puis le lendemain, par la Flucla, se rendre à Sus dans la Basse-Engadine. Tout cela se fait en diligence. Ici se présentent deux partis : ou bien on continue la route dans les voitures publiques, et l'on descend la

Basse-Engadine en passant par Tarasp jusqu'à Nauders en Tirol, d'où l'on gagne, toujours en diligence ou en omnibus, Mals, puis Prad, au pied oriental du Stelvio (voy. route 3). Ou bien, on remonte l'Engadine jusqu'à Zernetz, et là on s'enfonce, soit à cheval, soit en char du pays, à travers les solitaires forêts de Fuorn ou Ofen, dans le val de Münster, d'où l'on monte au col de Bormio (*Wormser Joch*), qui est un embranchement de celui du Stelvio. On y débouche à la 4e *cantoniera*, celle de Santa-Maria.

c) En adoptant la route principale jusqu'à Samaden et Pontresina, on peut se rendre, soit à pied, soit à cheval, directement aux bains de Bormio par deux chemins fort pittoresques : l'un, partant des auberges de la Bernina (du côté Nord du col de ce nom), gagne le val Livigno, et, traversant le village de Trepalle (la paroisse la plus élevée de l'Europe), mène au val Dentro ; l'autre part du versant méridional de la Bernina, un peu plus loin que l'auberge de la Rœsa, et mène également au val Dentro, mais par le val Viola. Il va sans dire qu'à défaut d'une excellente carte et d'une grande habitude de la montagne, un guide est indispensable pour ces deux chemins, surtout pour le second.

3° On peut quitter la ligne du Brenner, soit au Nord des Alpes, à Innsbruck, soit au Sud, à Bolzano.

Si on la quitte à Innsbruck, il faut remonter la longue et monotone vallée de l'Inn jusqu'à Nauders, puis de là, par le col de Reschen, gagner Mals et Prad.

Si on quitte le chemin de fer à Bolzano, ce qui est bien préférable, on remonte la vallée de l'Adige par Meran jusqu'à Prad.

Les deux routes sont desservies par des omnibus et par les diligences autrichiennes, et elles aboutissent toutes deux, on le voit, à Prad, au pied oriental du Stelvio. De là, une diligence se rend chaque jour aux bains de Bormio en passant par Trafoï, l'un des sites les plus admirables des Alpes ; puis par le col du Stelvio et en faisant une halte à la 4e *cantoniera*, celle de Santa-Maria, qui est déjà en Lombardie.

Adresser les lettres : *Aux bains de Bormio, province de Sondrio, royaume d'Italie.*

APPENDICE.

———

I.

Opinion du Dr HERRGOTT, de Strasbourg.

(Extrait de sa brochure : *Excursion dans l'Engadine, Bains de Saint-Moritz,
Le Prese, Bormio et Tarasp*, 1868.)

« ... Tout à coup au détour d'un rocher, la vallée s'ouvre large
et riante et laisse voir au fond le superbe établissement des
Bains-Neufs de Bormio... Le bâtiment est sur un plateau qui domine la vallée ; il a trois étages ; un perron vitré est devant la
maison donnant sur une terrasse, où l'on a essayé de planter un
jardin anglais. La source qui alimente ce bain est tellement
abondante qu'elle peut fournir plus de 150 bains par heure ;
l'eau est chaude à 39° ; elle est à peu près sans odeur et a une
saveur très-légère de bouillon de poulet ; elle laisse déposer une
boue grumeleuse, qui, recueillie dans un vase, a une légère
odeur d'hydrogène sulfuré. Je ne puis faire ici le classement de
cette source ni l'énumération de ses vertus curatives ; je dirai
seulement que depuis la construction du bâtiment nouveau et les
aménagements intérieurs très-confortables qu'on y a faits, il y a
pendant plusieurs mois de l'année une grande affluence de
baigneurs. Bormio, dans l'état actuel des choses, est un bain de
premier ordre tant par la nature et l'abondance de ses eaux que
par son installation et les excursions si pittoresques qu'on peut
faire dans les environs.

« L'installation balnéaire comprend, outre les bains ordinaires,
de vrais bassins d'eau minérale où l'on peut nager, des bains de
sédiment des eaux etc. L'eau chauffe les corridors par lesquels on

passe et l'escalier spécial par lequel on se rend dans ses appartements ; elle ne laisse absolument rien à désirer.

« La cuisine est excellente dans l'établissement. »

II.

Opinion du Dr CHARLES J. B. WILLIAMS, M. D., F. R. S., de Londres.

(Extrait d'un article du *British medical Journal*, 4 décembre 1869.)

« Les Nouveaux-Bains de Bormio sont bâtis sur un sol très-sec, ils sont en plein soleil et bien garantis des vents du Nord et de l'Est. Néanmoins il y règne une agréable fraîcheur, grâce à l'altitude, grâce aussi aux brises qui soufflent fréquemment de l'Ouest et du Sud. Sans doute le soleil y est ardent en été et l'on regrette l'absence d'arbres autour de l'établissement. Mais les blocs de rochers qui se dressent dans les environs présentent des abris, et il y a toujours quelque partie de la route du Stelvio à l'ombre, de même que l'on trouve toujours de l'air dans la gorge. Sur la montagne en face, un bois de pins assez étendu présente aussi des promenades ombragées... Quant à la sérénité de son ciel, Bormio est bien en Italie et non en Suisse. »

Après avoir parlé en termes élogieux du service de l'hôtel, et avoir beaucoup recommandé les excursions à faire dans les environs, le docteur Williams compare les bains de Bormio aux diverses stations alpestres, dont la plupart sont inaccessibles aux voitures, et résume son opinion en ces termes :

« LES NOUVEAUX-BAINS DE BORMIO ME PARAISSENT L'EMPORTER SUR TOUS LES AUTRES LIEUX DE SÉJOUR DANS LES ALPES COMME ÉTANT MOINS HUMIDES ET PLUS ABRITÉS ET OFFRANT PLUS DE CONFORT (*The new baths of Bormio appear to me to offer more advantages in point of dryness, shelter and comfort than any of the other high mountain resorts in the Alps*). »

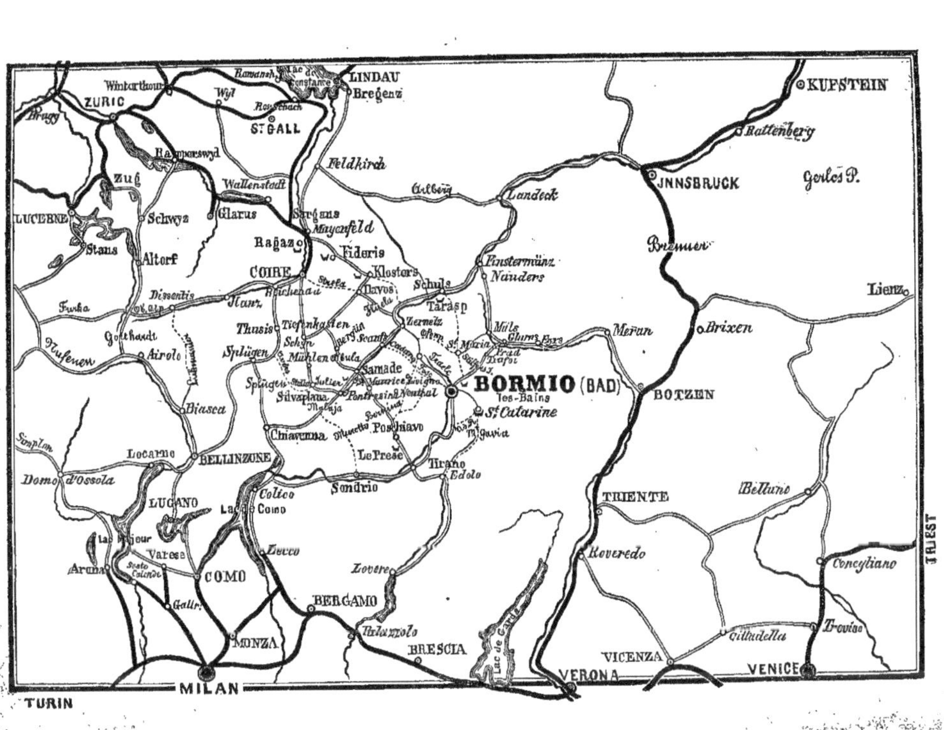

KUPSTEIN
Rattenberg
Gerlos P.
LINDAU
Bregenz
Lac de Constance
Rorschach
Wyl
Winterthour
Ramansh
ZURIC
Bragg
ST GALL
Feldkirch
Arlberg
Landeck
INNSBRUCK
Zug
Rapperswyl
Wallenstadt
Brenner
Lienz
Glarus
Sargans
Maycnfeld
Finstermünz
Nauders
Brixen
Meran
LUCERNE
Schwyz
Ragaz
Fideris
Stans
Altorf
COIRE
Klosters
Schuls
BOTZEN
Furka
Dissentis
Reichenau
Stalla
Davos
Tarasp
Müls
Glurns
Zernetz
Ilanz
Thusis
Tiefenkasten
Scanfs
St Maria
Prad
Gotthardt
Airolo
Spingen
Schyn
Bergün
Fetula
Splügen
Mühlen
Samade
Nufenen
St Maurice
Zivigno
BORMIO (BAD)
Bies ca
Silvaplana
Pontresina
Neuthal
Tes-Bains
Silvaplana
Maloja
St Catarine
Simplon
Chiavenna
Poschiavo
Gavia
Locarno
BELLINZONE
Le Prese
Tirano
Domo d'Ossola
Colico
Edolo
LUGANO
Lac Como
Sondrio
TRIENTE
Belluno
Varese
Lecco
Roveredo
Arona
COMO
Zovere
Conegliano
Gallr
BERGAMO
Palazzolo
Lac de Garde
Treviso
MONZA
BRESCIA
VICENZA
Cittadella
TURIN
MILAN
VERONA
VENICE
TRIEST